La
Lan
Roussillon

La cuisine en héritage

À ma mère et à toutes les femmes qui luttent au quotidien

Cuisine du Languedoc Roussillon

Karine Bonnaves-Aguillaume

La cuisine du Languedoc Roussillon

Sauf indication contraire, les photographies sont de l'auteur

Éditions Jean-Paul Gisserot
www.editions-gisserot.com

Introduction

Le Languedoc Roussillon compte 5 départements : l'Aude, le Gard, l'Hérault, la Lozère et les Pyrénées Orientales.

Dotée d'un climat ensoleillé et venteux, la région est une mosaïque de paysages : des vignobles valorisés, 200 km de côtes sableuses et rocheuses, une trentaine de stations balnéaires depuis la Camargue jusqu'à la côte vermeille, et des massifs montagneux propices aux sports d'hiver et à la randonnée.

L'histoire de ces départements a façonné le paysage : châteaux cathares, ponts remarquables, cités riches d'histoire, canal du midi…

L'économie de ces départements repose sur l'ostréiculture, l'élevage, l'agriculture, l'arboriculture et la viticulture.

Les vins de cette région méritent d'être connus. Depuis des années les vignerons et les coopératives mettent l'accent sur la production de vins de qualité à prix raisonnable.

Les vins ont évolué vers la rondeur, la chaleur, les arômes capiteux …

La région compte une gamme complète de vins d'appellation unique au monde : FITOU, CORBIERES avec ses 11 terroirs, MINERVOIS, CLAPE, QUARTOUZE, CABARDES, MALEPÈRE, BLANQUETTE DE LIMOUX, CÔTES DU RHONE, MAURY, BANYULS, CÔTES DU ROUSSILLON, MUSCATS, VIN DES CÔTEAUX DU LANGUEDOC, TAVEL, LIRAC...

Notons que cette région compte la coopérative viticole des vins de la MALEPÈRE la plus importante de France.

De ces richesses est née une cuisine riche et généreuse que j'ai héritée de ma famille.

J'espère que vous prendrez du plaisir à cuisiner ces plats, à les manger et à les partager avec autrui.

Ainsi, les recettes des « anciens » passeront le temps et raviront encore de nombreux palais.

Je remercie toutes les personnes qui ont bien voulu me transmettre ces recettes : ma grand-mère, ma mère, mes tantes et des cordons bleus qui se reconnaîtront.

Ces recettes sont simples à réaliser, les ingrédients sont courants : ail, oignon, tomate, jambon… et elles sont peu onéreuses.

Elles sont par ailleurs assez pauvres en matières grasses.

Les vins conseillés sont des Appellations d'Origine Contrôlée

(AOC) ou des Appellations d'Origine Vin Délimité de Qualité Supérieure (AOVDQS) de très bonne qualité gustative entre 3 et 8 € (excepté les « vendanges tardives » à 15 Euros environ).

La région produit également des bons « Vins de Pays » tels que les vins de pays d'Oc, de l'Aude, de l'Hérault, du Gard…

Dans chacune des appellations les viticulteurs déclinent une gamme complète de vins rouges, blancs et rosés.

Bon appétit à tous.

APÉRITIFS

Vin de Noix

(à base de la feuille)

Temps de préparation :

30 min

Temps de maturation :

8 à 12 mois

Pour 6 litres de préparation :
- *5 litres de vin rouge,*
- *1/2 litre d'alcool (90°),*
- *75 g d'écorces d'oranges amères,*
- *50 grammes de poudre ou de noix de Kola,*
- *500 grandes feuilles de noyer pesées avec nervures mais sans queue cueillies à la Saint-Jean (le 24 juin),*
- *1 kg de sucre en morceaux.*

Mélanger le vin, l'alcool à 90°, la Kola, les écorces d'oranges amères et les feuilles de noyer et laisser infuser pendant 8 à 12 mois dans un endroit obscur et frais.

Passé ce délai, écumer et garder uniquement le jus obtenu.

Faire un sirop : mettre le sucre en morceaux dans une casserole et recouvrir d'eau.

Laisser cuire 20 minutes. Quand le sirop est froid, le mélanger au jus de macération.

Laisser reposer 2 heures et mettre en bouteille en filtrant au préalable.

Vin de Noix

(à base du fruit)

Temps de préparation :

30 min

Temps de maturation :

15 jours

Pour 6 litres de préparation :

- *5 litres de vin rouge 12°,*
- *1/2 litre d'alcool (90°),*
- *10 g d'écorces amères,*
- *25 noix cueillies à la Saint Jean (le 24 juin) et coupées en 4,*
- *1 kg de sucre en morceaux.*

Mélanger tous les ingrédients.

Laisser macérer 15 jours dans un endroit obscur et frais.

Mettre en bouteille en filtrant au préalable.

Conseil

Vous pourrez acheter les écorces d'oranges amères, la Kola et l'alcool à 70° ou à 90° en pharmacie librement.

Vin de Pêches

Temps de préparation :

30 min

Temps de maturation :

48 heures

Pour 1 litre de préparation :
- *1/4 litre d'eau de vie (70°),*
- *1 bouteille de bon vin des Corbières ou du Minervois,*
- *60 feuilles de pêcher cueillies en septembre,*
- *30 morceaux de sucre.*

Mélanger tous les ingrédients.

Laisser macérer 48 heures dans un endroit obscur et frais.

Mettre en bouteille en filtrant au préalable.

Quinquina

Temps de préparation :

30 min

Temps de maturation :

13 jours

Pour 1 litre de préparation :
- *1 litre de vin rosé,*
- *125 g de sucre en poudre,*
- *1 verre d'eau de vie (70°),*
- *1 écorce d'orange,*
- *3 cuillères à café de chicorée,*
- *2 sachets de sucre vanillé,*
- *2 grains de poivre,*
- *2 clous de girofle.*

Mélanger tous les ingrédients.

Laisser macérer 8 jours dans un endroit obscur en remuant tous les jours.

Au bout de 8 jours incorporer le verre d'eau de vie.

Laisser macérer 5 jours dans un endroit obscur et frais.

Mettre en bouteille en filtrant au préalable.

Punch

Temps de préparation :

30 min

Temps de maturation :

5 min

Pour 1 litre de préparation :
- 1/2 litre d'eau,
- 500 g de sucre,
- 80 cl de rhum,
- 20 cl de Picon.

Mettre le sucre dans une casserole et recouvrir d'eau.

Porter à ébullition puis réduire le feu et laisser cuire à feu doux pendant 20 minutes.

Quand le sirop est froid, le mélanger avec le rhum et le Picon et mettre en bouteille.

Au moment de servir mettre la quantité de digestif désirée dans une casserole.

Faire chauffer, flamber et servir chaud.

Conseil

Boisson idéale en cas d'état grippal !

Guignolet

Pour 1 litre
de préparation :
- 1.5 kg de guignes,
- 500 g de sucre,
- 1/2 litre d'eau,
- 1/2 litre d'alcool (90°).

Temps de préparation :

30 min

Temps de maturation :

2 mois

Mélanger tous les ingrédients.
Laisser macérer 2 mois dans un endroit obscur en remuant tous les jours.
Mettre en bouteille en filtrant au préalable.

Conseil

Vous pouvez ensuite faire les guignes à l'eau de vie en les mettant en conserves et en complétant avec un sirop réalisé à partir de 250 g de sucre par litre d'eau.

Quantité d'eau nécessaire pour abaisser un litre d'alcool à 90°

Alcool à 90 °	Degré souhaité	Quantité d'eau en cl à rajouter à l'alcool
90 °	45 °	105 c l
90 °	50 °	84 c l
90 °	60 °	53 c l
90 °	70 °	31 c l
90 °	75 °	21 c l
90 °	85 °	6 c l

Soupe à l'ail et au fromage

Temps de préparation :

15 min

Temps de cuisson :

15 min

Pour 4 personnes :
- *2 têtes d'ail,*
- *2 jaunes d'œuf,*
- *1 cuillère à soupe d'huile,*
- *2 cubes de bouillon,*
- *1 feuille de laurier,*
- *1.5l d'eau,*
- *8 tranches de pain rassis coupées en 4,*
- *8 cuillères à soupe de fromage râpé,*
- *sel, poivre.*

Mettre l'eau dans une casserole et porter à ébullition.

Peler les gousses d'ail et les écraser sous la lame d'un couteau.

Quand l'eau bout, incorporer les gousses d'ail, la feuille de laurier, l'huile, les cubes de bouillon, le sel et le poivre et laisser cuire 8 minutes à feu doux.

Retirer la feuille de laurier.

Mixer finement les grains d'ail et le bouillon.

Réserver la casserole hors du feu.

Casser les œufs et séparer les blancs des jaunes.

Mettre les jaunes battus en omelette au fond de la soupière.

Ajouter le fromage râpé et mélanger.

Verser le bouillon d'ail et mélanger.

Conseil

Pour une meilleur digestion, couper les grains d'ail en deux parties afin d'ôter le germe vert situé au centre avant de le cuisiner.

Certaines familles incorporaient des pâtes à potage (à cuire pendant 1 à 3 minutes) alors que d'autres dispersaient des croûtons de pain à la surface de l'assiette.

Vin conseillé :
Vin de Pays des côtes de Thongues rouge.

Soupe à l'oignon

Pour 4 personnes :
- *1 kg d'oignons,*
- *1.5 l d'eau,*
- *1 tranche de jambon de pays épaisse,*
- *2 cubes de bouillon,*
- *Des croûtons de pain,*
- *Gruyère râpé,*
- *sel, poivre.*

Temps de préparation :

10 min

Temps de cuisson :

15 min

Dans une cocotte, faire revenir des petits morceaux de jambon de pays et les oignons coupés en rondelles et en quartiers.

Quand les oignons sont dorés, incorporer l'eau, les cubes de bouillon et les épices.

Laisser cuire 15 minutes.

Faire griller des croûtons de pain et les disposer à la surface de la soupière ou de l'assiette avec du gruyère râpé.

Suggestion

Vous pouvez également mixer finement les oignons afin d'obtenir une texture plus homogène.

Vin conseillé :
Vin de pays des côteaux de Peyrias rouge.

Soupe de courge

Temps de préparation :

10 min

Temps de cuisson :

20 min

Pour 4 personnes :
- *1 kg de courge,*
- *2 pommes de terre,*
- *1 branche de céleri,*
- *1.5 l d'eau,*
- *1 tranche de jambon de pays épaisse,*
- *2 cubes de bouillon,*
- *1 oignon ou échalote,*
- *1 pincée de thym et de romarin,*
- *sel, poivre.*

Dans une cocotte, faire revenir des petits morceaux de jambon de pays, l'oignon et l'ail hachés.

Incorporer la courge coupée en morceaux, les pommes de terre, le céleri et les épices.

Couvrir le tout d'eau.

Laisser cuire 20 minutes.

Mixer finement.

Conseil

Choisissez une courge bien mûre, les arômes n'en seront que meilleurs. Vous pouvez également utiliser un potimarron pour réaliser cette recette.

Vin conseillé :
Vin de Pays des côtes du Brian rouge.

Soupe de chou

Temps de préparation :

15 min

Temps de cuisson :

25 min

Pour 4 personnes :
- 1 chou vert,
- 3 carottes,
- 2 pommes de terre,
- 1 poireau,
- 2 cubes de bouillon,
- 1 oignon,
- 1 feuille de laurier,
- 1 cuillère à café de thym et de romarin,
- 500 g de chair à saucisse,
- 1 œuf,
- 1 verre de lait,
- 50 g de pain rassis ou
- 2 verres de pâtes à potage,
- sel, poivre.

Dans une cocotte en fonte, incorporer les légumes entiers et épluchés.

Préparer la farce appelée « le farci » dans un saladier en mélangeant la chair à saucisse, l'œuf et le pain mouillé de lait.

Constituer une boule et entourer la de feuilles de chou maintenues avec de la ficelle à rôti.

Disposer dans la cocotte sur les légumes. Disperser les épices.

Remplir à moitié d'eau et laisser cuire 1 heure à feu moyen.

Sortir le bouillon et y faire cuire les pâtes à potage pendant 5 minutes.

Couper « le farci » en tranches épaisses et manger-le avec les légumes cuits.

Information

Nos aïeux buvaient le bouillon agrémenté de petits morceaux de pain rassis ou de pâtes à potage.

Vin conseillé :
Vin de Pays des côtes Catalanes rouge.

Pot-au-feu

Pour 4 personnes :
- *3 carottes,*
- *2 pommes de terre,*
- *1 poireau,*
- *2 cubes de bouillon,*
- *1 oignon,*
- *1 feuille de laurier,*
- *1 cuillère à café de thym et de romarin,*
- *1 clou de girofle,*
- *1 kg de bœuf (gîte, plat de côte, macreuse),*
- *2 manchons ou cuisses de canard confits,*
- *2 verres de pâtes à potage,*
- *sel, poivre.*

Temps de préparation :

15 min

Temps de cuisson :

3 heures

Dans une cocotte en fonte incorporer la viande et les épices.

Recouvrir d'eau la viande.

Laisser cuire 3 heures à feu moyen.

Incorporer les légumes à mi cuisson.

Sortir le bouillon. Le faire bouillir et y faire cuire les pâtes à potage pendant 5 minutes.

Servir le bouillon dans un premier temps et dans un deuxième temps les légumes et la viande.

Information

Les « anciens » incorporaient au pot-au-feu les pâtes de volaille au début de la cuisson après les avoir préalablement plongées dans l'eau bouillante (pour décoller la première peau) et avoir coupé les premières phalanges.

Ils gardaient également la carcasse du canard gras et l'intégraient au pot-au-feu pour que les derniers débris de viande donnent du goût au potage.

Vin conseillé :
Minervois Rouge (AOC).

Velouté de pois cassés

Temps de préparation :

10 min

Temps de cuisson :

1 h 15 min

Pour 4 personnes :
- 1 oignon,
- 250 g de pois cassés secs,
- 1 grain d'ail,
- 1.5 l d'eau,
- 1 tranche de jambon de pays,
- 2 cubes de bouillon,
- des croûtons de pain,
- sel, poivre.

Dans une cocotte, faire revenir des petits morceaux de jambon de pays, l'oignon et l'ail hachés.

Incorporer les légumes et les cubes de bouillon.

Couvrir le tout d'eau.

Laisser cuire 1 heure 15 minutes.

Mixer finement.

Servir avec des croûtons.

Information

Les pois cassés sont des pois secs décortiqués divisés en 2 et surtout consommés en purée.

Vin conseillé :
Vin de Pays d'OC rouge.

Foie gras de canard ou d'oie

Pour 1 kg de foie frais :
- *16 g de sel,*
- *3 g de poivre,*
- *Une pincée de sel et de poivre.*

Temps de préparation :

10 min

Temps de cuisson :

60 min

Mélanger le sel et le poivre dans un grand plat.

Coucher les foies dans cette préparation afin de répartir le sel et le poivre sur toute la surface du produit.

Prendre des conserves en verre avec joint en caoutchouc.

Mettre une pincée de sel et de poivre au fond de la conserve.

Remplir la conserve avec le foie jusqu'au niveau de remplissage (inscrit sur le verre) afin de laisser peu d'air.

Fermer la conserve et la mettre dans un stérilisateur ou à défaut dans un autocuiseur. Bien immerger d'eau.

Porter l'eau à ébullition et laisser cuire pendant 1 heure.

Sortir les conserves quand l'eau est froide.

Conseil

Attention pour un foie de qualité, il est conseillé de choisir une pièce de moins de 500 grammes.

Quand vous ouvrez la conserve penser à couper le foie quand il est froid, et manger à température ambiante.

Vin conseillé :
Minervois « Vendanges tardives » ou Banyuls ou Chardonnay Côtes de Prouilhe (AOC)

Pâté de foie de porc de Christine

- 2 kg de foie de porc,
- 2 kg de gorge de porc (à faire hacher par le charcutier),
- 2 kg de lard,
- quelques bardes de lard,
- 1 œuf par kg de viande,
- 21 g/kg de sel,
- 4 g/kg de poivre,
- 1 cuillère à soupe de thym.

Temps de préparation :

30 min

Temps de cuisson :

1 h 30 min

Préchauffer le four à 200°C.

Hacher et mélanger tous les ingrédients sauf le thym.

Déposer une barde de lard au fond d'une terrine.

Tasser le hachis. Remettre une barde sur le dessus.

Mettre du thym et couvrir avec le couvercle.

Faire cuire au bain-marie à four chaud (200°C) pendant 1 h 15 minutes environ.

Retirer le couvercle et laisser cuire de nouveau 15 minutes.

Vin conseillé :
Rosé de la Malepère (AOVDQS)

Pâté de campagne au foie de volaille

Pour 2 terrines moyennes :
- 500 g de foie de volaille (ou porc),
- 500 g de lard,
- 500 g de gorge de porc,
- 1 œuf par kg de viande,
- 21 g de sel par kg de viande,
- 4 g de poivre par kg de viande,
- 1 cuillère à soupe de thym et romarin.

Temps de préparation :

30 min

Temps de cuisson :

1 heure

Préchauffer le four à 200°C.

Hacher le foie, le lard et le gorge. Attention de ne pas le faire au mixeur au risque de casser le foie. Vous pouvez demander au boucher de le faire pour éviter cet inconvénient.

Incorporer le sel, le poivre et les œufs.

Tasser le hachis dans les terrines. Mettre un peu de thym et de romarin en surface et couvrir.

Faire cuire au bain marie (couvert) pendant 45 minutes (200°C).

Retirer le couvercle et laisser cuire 15 minutes en plus.

Conseil

30 minutes après la sortie du four, poser un poids sur le pâté encore chaud pour le tasser et faire remonter une partie de la graisse à la surface.
Vous pouvez remplacer le foie de volaille par du foie de porc.

Vin conseillé :
Vin de Pays de Mourre rosé.

Salade d'oignons

Pour 4 personnes :
- 1 kg d'oignons,
- 1 cube de bouillon,
- vinaigrette,
- 2 cuillères à soupe de persil,
- sel, poivre.

Temps de préparation :

15 min

Temps de cuisson :

20 min

Éplucher les oignons, les couper en 4.

Faire cuire les oignons dans de l'eau frémissante additionnée du cube de bouillon pendant 20 minutes.

Égoutter et laisser refroidir.

Disposer dans un plat et arroser de vinaigrette, de sel, de poivre et de persil.

Information

L'hiver cette entrée remplace la salade verte quand celle-ci se fait rare au jardin.

Vin conseillé :
Vin rosé de Bessan (AOC).

Salade du Lauragais

Temps de préparation :

15 min

Pour 4 personnes :
- *1 salade verte,*
- *3 tomates,*
- *1 magret de canard sec tranché,*
- *6 gésiers de canard confit tranché,*
- *4 tranches de jambon sec de pays,*
- *4 tranches de foie gras d'oie ou de canard,*
- *8 tranches de pain grillé,*
- *vinaigrette.*

Disposer dans vos assiettes, sur un lit de salade et de tomates arrosé de vinaigrette, les tranches de foie gras, le jambon, le magret et les gésiers tranchés et tièdes.

Décorez avec les tranches de pain grillé.

Information

Vous pouvez accompagner cette entrée de confiture d'oignons.

Cette entrée est copieuse et peut constituer un plat unique pour un repas du soir par exemple.

Vin conseillé :
Minervois « Vendanges tardives » ou Banyuls ou Chardonnay Côte de Prouilhe (AOC).

Salmi de pintade

Temps de préparation :

20 min

Temps de cuisson :

1 heure

Pour 6 personnes :
- 1 pintade coupée en morceaux,
- 1 tranche de jambon de pays épaisse,
- 2 cubes de bouillon,
- 1 oignon ou échalote,
- 2 grains d'ail,
- 1 carotte coupée en rondelles,
- 2 cuillères à soupe de concentré de tomate,
- 2 cuillères à soupe de farine,
- 1 verre de vin blanc,
- 1/2 verre de Madère,
- 4 verres d'eau,
- 500 g de champignons de Paris en conserve,
- 8 tranches de pain,
- sel, poivre.

Dans une cocotte, faire revenir les petits morceaux de jambon de pays, l'oignon, l'ail hachés, la carotte et le concentré de tomate.

Arroser le tout de vin blanc, de Madère et d'eau.

Incorporer la farine, les cubes de bouillon, le sel et le poivre et laisser cuire 15 minutes.

Passer au tamis la sauce obtenue si vous le souhaitez.

Faire revenir les champignons de Paris.

Faire roussir les morceaux de pintade préalablement salés et poivrés.

Incorporer la viande et les champignons à la sauce et laisser cuire 45 minutes.

Faire griller des tranches de pain, disposer les dans un plat, y poser les morceaux de pintade et arroser le tout de sauce aux champignons.

Information

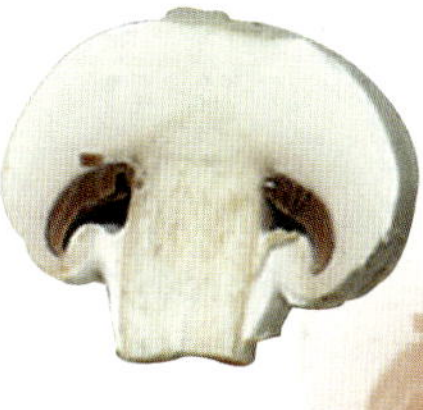

Préférez un pain de campagne car les tranches resteront fermes mêmes arrosées de sauce.

Vous pouvez remplacer la pintade par des pigeons.

Vin conseillé :
Cabardes rouge (AOC).

Blanquette de volaille

Pour 6 personnes :
- *1 volaille coupée en morceaux,*
- *1 tranche de jambon de pays épaisse,*
- *1 oignon ou échalote,*
- *1 grain d'ail,*
- *2 cubes de bouillon,*
- *1 feuille de laurier,*
- *1 cuillère à soupe de thym et de romarin,*
- *2 cuillères à soupe de farine,*
- *1 jaune d'œuf,*
- *1 jus de citron,*
- *sel, poivre.*

Temps de préparation :

15 min

Temps de cuisson :

1 h 40 min

Dans une cocotte, faire revenir les petits morceaux de jambon de pays, l'oignon et l'ail hachés.

Faire revenir les morceaux de volaille.

Saupoudrer de farine et couvrir le tout d'eau.

Incorporer les cubes de bouillon, le sel et le poivre et laisser cuire 1 h 30 minutes à feu doux.

Faire une liaison hors de feu en mélangeant dans un bol au fouet, le jaune d'œuf, une louche de sauce et le jus de citron.

Mélanger à la sauce et laisser cuire 10 minutes.

Conseil

D'une manière générale, il est conseillé de cuisiner les sauces la veille et de les déguster le lendemain après les avoir réchauffées à feu doux.

Ainsi vous pourrez la dégraisser et profiter de l'arôme des ingrédients qui auront eu le temps de se diffuser.

Vin conseillé :
Lirac rouge (AOC).

Sauce de poule

Temps de préparation :

15 min

Temps de cuisson :

1 h 15 min

Pour 6 personnes :
- *1 poule coupée en morceaux,*
- *1 tranche de jambon de pays épaisse,*
- *2 cubes de bouillon,*
- *1 oignon ou échalote,*
- *2 gousses d'ail,*
- *1 carotte coupée en rondelles,*
- *2 cuillères à soupe de concentré de tomate,*
- *2 cuillères à soupe de farine,*
- *1 verre de vin blanc,*
- *500 g de champignons de Paris en conserve,*
- *sel, poivre.*

Dans une cocotte, faire revenir les petits morceaux de jambon de pays, l'oignon, l'ail hachés, la carotte et le concentré de tomate.

Arroser le tout de vin blanc.

Incorporer la farine, les cubes de bouillon, le sel et le poivre et laisser cuire 15 minutes.

Passer au tamis la sauce obtenue si vous le souhaitez. Dans une poêle, faire revenir les champignons de Paris avec un filet d'huile.

Faire roussir les morceaux de poule préalablement salés et poivrés.

Incorporer la viande et les champignons à la sauce et laisser cuire 1 heure.

Conseil

Vous pouvez rajouter des olives vertes dénoyautées que vous aurez préalablement lavées et fait bouillir 3 minutes afin que le goût ne dénature pas trop le plat.

Vin conseillé :
Corbières rosé (AOC).

Sauce d'ailerons de canards gras « alicuit »

Pour 4 personnes :

- 1 kg d'ailes de canards gras,
- 1 tranche de jambon de pays épaisse,
- 2 cubes de bouillon,
- 2 oignons ou échalote,
- 4 grains d'ail,
- 1 carotte coupée en rondelles,
- 2 cuillères à soupe de concentré de tomate,
- 2 cuillères à soupe de farine,
- 5 cornichons coupés en rondelles,
- 1 cuillère à soupe de vinaigre,
- 10 pommes de terre épluchées,
- 1 feuille de laurier,
- sel, poivre.

Temps de préparation :

25 min

Temps de cuisson :

1 h 05 min

Préparer un court-bouillon avec 1 oignon et 2 grains d'ail, le sel, le poivre et la feuille de laurier.

Faire bouillir les ailes de canards dans cette préparation au moins 20 minutes. Quand la fourchette traverse bien la chair des ailes, arrêter le feu et réserver la viande et le bouillon.

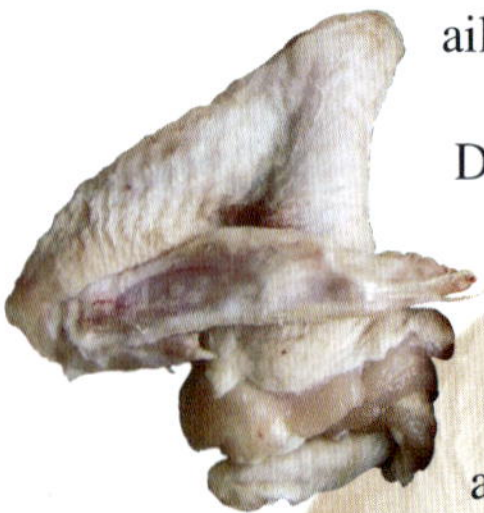

Dans une cocotte, faire revenir les petits morceaux de jambon de pays, l'oignon, l'ail hachés, la carotte et le concentré de tomate.

Arroser le tout d' 1/2 litre de bouillon de cuisson des ailes et d'1/2 litre d'eau du robinet.

Incorporer la farine, les cubes de bouillon, le vinaigre, les cornichons, le sel et le poivre et laisser cuire 15 minutes.

Passer au tamis la sauce obtenue si vous le souhaitez.

Incorporer les ailes et les pommes de terre et laisser cuire 30 minutes.

Information

Ce plat était destiné à utiliser les morceaux de canards qui n'avaient pas servi pour le confit.

Vous pouvez vous procurer des ailes de canards gras chez un volailler.

Vin conseillé :
Costières de Nîmes (AOC).

Confit de canard gras de Betty

- 2 canards gras
  avec gésiers et coeurs,
- 2 kg de gros sel,
- bocaux en verre
  d'un litre.

Temps de préparation :

1 heure (+ 24 h au frais)

Temps de cuisson :

2 heures

Découper les canards (cuisses, contre cuisses, magrets, cous et ailes).

Mettre les morceaux dans une bassine en superposant : une couche de viande, gros sel, viande, gros sel…

Laisser macérer au réfrigérateur ou dans un endroit frais pendant 24 heures avec un torchon sur la bassine.

Débarrasser à la main les morceaux de viande du gros sel qui n'a pas fondu.

Déposer les morceaux de canards dans une bassine en cuivre en mettant les parties les plus grasses au fond (les côtés les plus gras seront tournés vers le fond de la bassine).

Mettre à cuire à feu très doux au début pendant 1 heure en remuant souvent pour éviter que la viande accroche le fond de la bassine.

La cuisson complète de la viande va dégager de la graisse.

Mettre la viande en conserve et la remplir avec la graisse obtenue. Si la viande n'est pas recouverte par suffisamment de graisse on peut rajouter un peu d'huile d'arachide ou de tournesol.

Fermer les bocaux et les mettre à stériliser 1 heure à partir du moment où l'eau bout.

Conseil

Au moment de la mise en bocal, séparer les morceaux riches en viande (cuisses, contre cuisses, magrets) de ceux qui ne le sont pas (cous et ailes).

Les premiers peuvent se mettre dans le cassoulet par exemple alors que les seconds sont excellents avec des petits pois.

Mettre les gésiers et les cœurs confits dans un bocal plus petit.

Signaler les catégories de bocaux par des bouts de coton de couleurs différentes noués à la fixation en fer afin de les repérer car la cuisson dégage de la graisse qui en se solidifiant dissimule les morceaux de viande.

Vin conseillé :
Corbières Rouge (AOC).

Sanquette de volaille

Pour 1 personne :
- 2 volailles vivantes,
- sel, poivre,
- huile.

Temps de préparation :

20 min

Temps de cuisson :

10 min

Saigner les volailles et recueillir le sang dans une assiette creuse avec du sel.

Remuer avec une cuillère.

Le sang va se coaguler en prenant la forme du récipient.

Mettre la « galette » dans une poêle huilée et la faire cuire 1 minute de chaque côté à feu doux.

Saupoudrez de sel et de poivre.

Vin conseillé :
Côtes du Roussillon rouge (AOC).

Sauce sanquette de volaille

Pour 1 personne :
- 1 sanquette de volaille cuite,
- 1 tranche de jambon de pays épaisse,
- 1 cube de bouillon,
- 1 oignon ou échalote,
- 1 grain d'ail,
- 1 cuillère à soupe de persil,
- 1 cuillère à soupe de farine,
- sel, poivre.

Temps de préparation :

10 min

Temps de cuisson :

20 min

Dans une poêle, faire revenir les petits morceaux de jambon de pays, l'oignon, le persil et l'ail hachés.

Arroser le tout d'eau pour obtenir une sauce blanche.

Incorporer la farine, les cubes de bouillon, le sel et le poivre et laisser cuire 15 minutes.

Incorporer les morceaux de sanquette et laisser cuire 1 minute.

Information

Ces plats sont encore la preuve que la cuisine de nos « anciens » utilisait toutes les parties des volailles : pâtes, sang, carcasses, viande, ailes…

Vin conseillé :
Minervois rouge (AOC).

Civet de lapin

Temps de préparation :

20 min

Temps de cuisson :

1 h 15 min

Pour 6 personnes :
- *1 lapin coupé en morceaux,*
- *4 carottes coupées en rondelles,*
- *500 g de champignons de Paris en conserve,*
- *1 oignon ou échalote,*
- *1 grain d'ail,*
- *4 clous de girofle,*
- *2 cubes de bouillon,*
- *2 cuillères à soupe de concentré de tomate,*
- *1 feuille de laurier,*
- *1 cuillère à soupe de thymet de romarin,*
- *2 cuillères à soupe de farine,*
- *sel, poivre.*

Faire revenir les morceaux de viande, les carottes, l'ail et l'oignon émincés dans une cocotte huilée.

Saupoudrer de farine, ajouter les champignons, le concentré de tomate et couvrir le tout d'eau.

Incorporer les cubes de bouillon, les clous de girofle, le laurier,le thym, le romarin, le sel et le poivre et laisser cuire 1 heure à feu doux.

Dans le bol, faire une liaison en fouettant la farine et une louche de sauce.

Incorporer le mélange à la sauce et laisser cuire 15 minutes.

Conseil

Préférer un lapin fermier à un lapin charcutier. Le premier est plus jeune et moins gras que le second.

Vin conseillé :
Saint Chinian rouge (AOC).

« Saupiquet » de lapin

Pour 6 personnes :
- *1 lapin avec le foie,*
- *1 tête d'ail,*
- *6 cuillères à soupe d'huile,*
- *2 cuillères à soupe de vinaigre,*
- *Sel, poivre.*

Temps de préparation :

15 min

Temps de cuisson :

1 heure

Faire préchauffer le four à 200°C.

Disposer le lapin et son foie sur la tôle du four.

Disperser les grains d'ail épluchés dans et autour du lapin, saler et poivrer. Arroser le tout d'huile.

Quand le foie est mi-cuit (rosé à l'intérieur) le retirer du four et le réserver.

Laisser le lapin finir sa cuisson d'1 heure environ.

Dans un bol, écraser à la fourchette le foie, 5 grains d'ail et mélanger avec 6 cuillères à soupe de jus de cuisson et le vinaigre.

Quand le lapin est cuit, le couper en morceaux et le manger nappé de la sauce préparée.

Conseil

Si lors de la cuisson le lapin ne rend pas assez de jus, remplacer le par une dose équivalente d'huile d'assaisonnement.

Servir le lapin et la sauce à part. Chacun nappera son morceau avec la sauce.

Vin conseillé :
Faugères rouge (AOC).

Civet de lièvre

Temps de préparation :

20 min (+ 24 h au frais)

Temps de cuisson :

1 h 45 min

Pour 6 personnes :
- *1kg de lièvre coupé en morceaux,*
- *4 carottes coupées en rondelles,*
- *1 bouteille de vin rouge,*
- *500 g de champignons de Paris en conserve,*
- *1 oignon ou échalote,*
- *1 grain d'ail,*
- *4 clous de girofle,*
- *2 cubes de bouillon,*
- *1 feuille de laurier,*
- *1 cuillère à soupe de thym et de romarin,*
- *2 cuillères à soupe de farine,*
- *sel, poivre.*

La veille, mettre la viande salée et poivrée dans un récipient creux.

Recouvrir les morceaux par la marinade préparée avec le vin, les carottes, l'ail et l'oignon émincés, les clous de girofle, le laurier et les épices.

Le lendemain égoutter les morceaux de viande et les légumes.

Les faire revenir dans une cocotte huilée.

Saupoudrer de farine.

Mouiller avec la marinade.

Incorporer les cubes de bouillon, le sel et le poivre et laisser cuire 1 heure 30 minutes à feu doux.

Ajouter les champignons.

Dans un bol, faire une liaison en fouettant la farine et une louche de sauce. Incorporer le mélange à la sauce et laisser cuire 15 minutes.

Information

Vous pouvez également faire cette recette avec du sanglier ou du chevreuil et l'accompagner de marrons égouttés.

Vin conseillé :
Fitou rouge (AOC).

Daube de taureau de Camargue

Pour 6 personnes :
- *1 kg de taureau coupé en morceaux,*
- *1 tranche de jambon de pays épaisse,*
- *4 carottes coupées en rondelles,*
- *4 navets coupés en morceaux,*
- *1 bouteille de vin rouge du Gard,*
- *1 oignon ou échalote,*
- *1 grain d'ail,*
- *4 clous de girofle,*
- *2 cubes de bouillon,*
- *2 cuillères à soupe de concentré de tomate,*
- *1 feuille de laurier,*
- *1 cuillère à soupe de thym et de romarin,*
- *2 cuillères à soupe de farine,*
- *sel, poivre.*

Temps de préparation :

20 min (+ 24 h au frais)

Temps de cuisson :

1 h 45 min

La veille, mettre la viande salée et poivrée dans un récipient creux.

Recouvrir les morceaux par la marinade préparée avec le vin, les carottes, l'ail et l'oignon émincés, les clous de girofle, le laurier et les épices.

Le lendemain égoutter les morceaux de viande et les légumes.

Les faire revenir dans une cocotte huilée.

Saupoudrer de farine.

Mouiller avec la marinade.

Incorporer les cubes de bouillon, le concentré de tomate le sel et le poivre et laisser cuire 1 h 30 minutes à feu doux.

Dans un bol, faire une liaison en fouettant la farine et une louche de sauce. Incorporer le mélange à la sauce et laisser cuire 15 minutes.

Conseil

Vous pouvez réaliser cette recette avec de la viande de bœuf. Dans ce cas, préférer la macreuse ou le jumeau de bœuf, (morceaux maigres).

Vin conseillé :
Costières de Nîmes rouge (AOC).

Sauce de langue de bœuf de Mamie Hélène

Pour 8 personnes :
- *2 langues de bœuf ou veau,*
- *500 g de carottes,*
- *2 gros oignons blancs,*
- *500 g de champignons de Paris entiers en conserve,*
- *250 g d'olives,*
- *1 bouquet garni,*
- *15 à 20 cornichons coupés en rondelles,*
- *2 cubes de bouillon,*
- *1 oignon avec clous de girofle,*
- *2 grains d'ail,*
- *2 cuillères à soupe de persil,*
- *sel, poivre.*

Temps de préparation :

35 min

Temps de cuisson :

2 h 10 min

Dans une grande cocotte, mettre de l'eau à bouillir avec le bouquet garni, l'oignon avec clous de girofle, les carottes coupées en rondelles et le persil.

Pendant ce temps, nettoyer les langues. Puis, plonger les dans l'eau bouillante pendant 1 heure.

Eteindre le feu. Egoutter les langues et les légumes.

Prendre les langues une par une et les peler avec un couteau. Couper les en petits morceaux.

Dans la cocotte, faire revenir à feu doux les carottes et les oignons.

Saler, poivrer et rajouter les morceaux de langues. Couvrir d'eau. Après ébullition, laisser mijoter 30 minutes.

Incorporer les champignons, les olives et les cornichons coupés en rondelles.

Laisser mijoter 40 minutes.

Information

Vous pouvez mettre en bocal et faire stériliser 3 heures. Dans ce cas supprimer la dernière phase de cuisson.

Vin conseillé :
Fitou rouge (AOC).

Émincés de veau

Temps de préparation :

20 min

Temps de cuisson :

50 min

Pour 4 personnes :
- *800 g de veau en fines tranches,*
- *1 tranche de jambon de pays épaisse,*
- *2 cubes de bouillon,*
- *1 carotte coupée en rondelles,*
- *1 oignon ou échalote,*
- *2 grains d'ail,*
- *2 cuillères à soupe de farine,*
- *1 jus de citron,*
- *8 tranches de pain de campagne rassis,*
- *500 g de champignons de Paris en conserve,*
- *1 jaune d'œuf,*
- *sel, poivre.*

Etaler les tranches de veau sur une planche à découper. Couper les contours qui se détachent et qui sont souvent un peu plus gras (appelés les débris de veau). Partager les tranches en morceaux de la taille d'une tranche de pain.

Dans une cocotte, faire revenir à feu doux les débris de veau, les petits morceaux de jambon de pays, l'oignon, l'ail hachés et la carotte.

Recouvrir le tout d'eau et incorporer la farine, les cubes de bouillon, le sel, le poivre et laisser cuire 15 minutes.

Faire roussir les émincés de veau légèrement salés (1 minute de chaque côté) et les champignons.

Couper des tranches de pain rassis, les faire griller et les garder au chaud.

Disposer la viande dans une cocotte propre et verser la sauce obtenue.

Laisser mijoter à feu doux pendant 30 minutes (les émincés ne doivent pas s'émietter).

Dans un bol, faire une liaison avec l'œuf, une louche de sauce et le jus de citron.

Disposer les tranches de pain dans un plat, y poser les morceaux de viande et arroser le tout de sauce.

Conseil

Couper les tranches de pain assez fines (1 cm d'épaisseur).

Préférez un pain de campagne car les tranches resteront fermes mêmes arrosées de sauce.

Vin conseillé :
Collioure rouge (AOC).

Sauté de veau aux olives

Temps de préparation :

15 min

Temps de cuisson :

1 h

Pour 4 personnes :

- *1 kg de veau coupé en morceaux (tendron, 1ère côte et épaule),*
- *1 tranche de jambon de pays épaisse,*
- *2 cubes de bouillon,*
- *1 oignon ou échalote,*
- *2 grains d'ail,*
- *1 carotte coupée en rondelles,*
- *2 cuillères à soupe de concentré de tomate,*
- *2 cuillères à soupe de farine,*
- *8 pommes de terre,*
- *sel, poivre.*

Dans une cocotte, faire revenir les petits morceaux de jambon de pays, l'oignon et l'ail hachés, la carotte et le concentré de tomate.

Faire roussir dans la même cocotte les morceaux de veau préalablement salés et poivrés.

Dès le début de la cuisson incorporer les pommes de terre.

Saupoudrer de farine et couvrir le tout d'eau.
Incorporer les cubes de bouillon, le sel et le poivre et laisser cuire 1 heure.

Information :

En fin de cuisson vous pouvez rajouter des champignons de Paris en conserve, des olives vertes dénoyautées que vous aurez préalablement lavées et fait bouillir 3 minutes afin que le goût ne dénature pas trop le plat.

Vin conseillé :
Lirac rouge (AOC).

Blanquette de veau

Temps de préparation :

15 min

Temps de cuisson :

1 h 20 min

Pour 4 personnes :
- *1 kg de veau coupé en morceaux (tendron, 1ère côte et épaule),*
- *1 tranche de jambon de pays épaisse,*
- *2 cubes de bouillon,*
- *1 oignon ou échalote,*
- *2 grains d'ail,*
- *2 carottes coupées en rondelles,*
- *2 cuillères à soupe de farine,*
- *Sel, poivre*
- *1 jaune d'œuf,*
- *1 jus de citron.*

Dans une cocotte, faire revenir les petits morceaux de jambon de pays, les carottes, l'oignon et l'ail hachés.

Dans la même cocotte, faire roussir les morceaux de veau préalablement salés et poivrés.

Saupoudrer de farine et couvrir le tout d'eau.

Incorporer les cubes de bouillon, le sel et le poivre et laisser cuire 1 heure.

Faire une liaison hors de feu en mélangeant dans un bol au fouet, le jaune d'œuf, une louche de sauce et le jus de citron.

Mélanger à la sauce et laisser cuire 10 minutes.

Conseil

Il est préférable pour un même plat de mélanger les morceaux de viande (collier et épaule par exemple) afin que la recette soit plus savoureuse.
Vous pouvez servir ce plat avec un riz au gras.

Vin conseillé :
Coteaux du Languedoc la Clape (AOC).

Sauce de foie de génisse

Pour 4 personnes :
- 4 tranches de foie de génisse,
- 1 tranche de jambon de pays épaisse,
- 2 cubes de bouillon,
- 1 oignon ou échalote,
- 2 cuillères à soupe de concentré de tomate,
- 5 cornichons coupés en rondelles,
- 3 cuillères à soupe de vinaigre,
- 2 cuillères à soupe de farine,
- sel, poivre.

Temps de préparation :

15 min

Temps de cuisson :

20 min

Dans une cocotte avec un peu d'huile, du sel et du poivre, faire revenir les tranches de foie.

Réserver le foieau chaud.

Dans le jus de cuisson, faire revenir les petits morceaux de jambon de pays, l'oignon haché, les cornichons, le vinaigre et le concentré de tomate.

Incorporer la farine, les cubes de bouillon, le sel et le poivre.

Mouiller avec 2 verres d'eau.

Laisser cuire 5 minutes.

Incorporer le foie à la sauce et laisser cuire 10 minutes.

Information

Vous pouvez remplacer le foie par du cœur.

Vin conseillé :
Collioure rouge (AOC).

2004
Château du Tariquet - 32800 EAUZE

Escargots de Mamie Françoise

Temps de préparation :

2 heures
(+ 3 semaines de jeun).

Temps de cuisson :

1 m 50 min

Pour 4 personnes :
- *160 escargots « petits gris »,*
- *2 têtes d'ail,*
- *2 oignons,*
- *2 cuillères à soupe de persil,*
- *1 tranche de jambon de pays épaisse,*
- *2 cuillères à soupe de concentré de tomate,*
- *2 cuillères à soupe de farine,*
- *4 clous de girofle,*
- *2 jaunes d'œufs,*
- *1 jus de citron,*
- *Sel et poivre.*

Pour le nettoyage des escargots :
- *riz ou du vermicelle cru,*
- *sel,*
- *vinaigre,*
- *eau.*

Nettoyer les escargots.

Faire jeûner les escargots 3 semaines dans un endroit sec dans un casier recouvert d'un grillage en leur donnant à manger des vermicelles ou du riz cru.

Passé ce délai, nettoyer un à un les escargots sous le robinet d'eau en enlevant la peau de protection qu'ils ont fabriquée.

On repère les escargots morts grâce à leur coque légère et à leur mauvaise odeur.

Dans une bassine mettez du sel, du vinaigre et de l'eau. Incorporer les escargots et brasser. Les escargots vont baver et une écume va se former.

Changer l'eau et renouveler l'opération jusqu'à ce que l'eau soit claire : preuve que les escargots sont propres.

Faire cuire les escargots.

Préparer un court-bouillon avec 2 cuillères à café de sel, 1 tête d'ail, l'oignon et les clous de girofle.

Plonger les escargots et laisser cuire à feu doux 1 heure 30 minutes.

Egoutter les escargots et les réserver au chaud.

Préparer la sauce.

Dans une cocotte faire revenir les petits morceaux de jambon de pays, 2 grains d'ail, l'oignon haché, le persil et le concentré de tomate.
Incorporer la farine, les cubes de bouillon, le sel et le poivre.

Mouiller avec 1/2 litre d'eau. Laisser cuire 10 minutes.

Incorporer les escargots à la sauce et laisser cuire 5 minutes.

Faire une liaison hors de feu en mélangeant dans un bol au fouet, les jaunes d'œuf, une louche de sauce et le jus de citron.

Incorporer à la sauce et laisser cuire 5 minutes.

Conseil

Ramasser les escargots dans des lieux préservés de l'utilisation des engrais et des pesticides.

Vin conseillé :
Côtes de la Malepère rouge (AOVDQS).

Sauce d'œufs et de pommes de terre

Temps de préparation :

20 min

Temps de cuisson :

40 min

Pour 4 personnes :
- *1 tranche de jambon de pays épaisse,*
- *1 oignon ou échalote,*
- *1 grain d'ail,*
- *2 cuillères à soupe de persil,*
- *1 cube de bouillon,*
- *3 cuillères à soupe de vinaigre,*
- *8 œufs,*
- *8 pommes de terre de taille moyenne,*
- *sel, poivre.*

Dans une cocotte, faire revenir les petits morceaux de jambon de pays, l'oignon haché, le persil, et les pommes de terre entières épluchées.

Couvrir d'eau, incorporer le cube de bouillon et laisser cuire 20 minutes environ.

Vérifier la cuisson des pommes de terre avec la pointe du couteau.

Faire bouillir les œufs. Couper les en 4 quartiers. Séparer les blancs des jaunes.

Incorporer les blancs dans la sauce de pommes de terre.

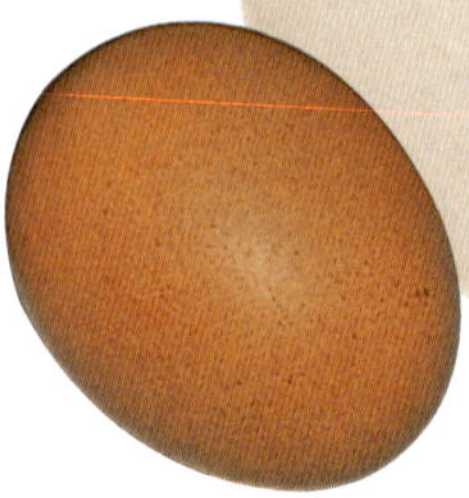

Dans une coupelle, écraser les jaunes à la fourchette, mélanger avec le vinaigre et une louche de sauce.

Incorporer ce mélange à la sauce et laisser cuire 5 minutes.

Conseil

Vous pouvez servir ce plat avec des morceaux de saucisse grillée ou des manchons de canard.

Vin conseillé :
Vin de Pays des côtes Catalanes rouge.

Cassoulet de Joséphine

Temps de préparation :

30 min

Temps de cuisson :

2 heures

Pour 4 personnes :
- *6 verres de haricots blancs secs,*
- *500 g de saucisse de Toulouse,*
- *4 côtes de porc dans l'échine,*
- *4 cuisses de confit de canard ou d'oie,*
- *1 tranche de jambon de pays épaisse,*
- *2 cubes de bouillon,*
- *1 oignon,*
- *2 grains d'ail,*
- *2 cuillères à soupe de concentré de tomate,*
- *Sel, poivre,*
- *1 pincée de bicarbonate de soude.*
- *1/2 verre de chapelure*

Faire tremper les haricots secs la veille dans de l'eau froide dans un plat creux.

Le matin jeter l'eau et mettre les haricots dans une casserole d'eau froide.

Quand l'eau bout ajouter une pincée de bicarbonate de soude.

Les faire blanchir 20 minutes et jeter l'eau.

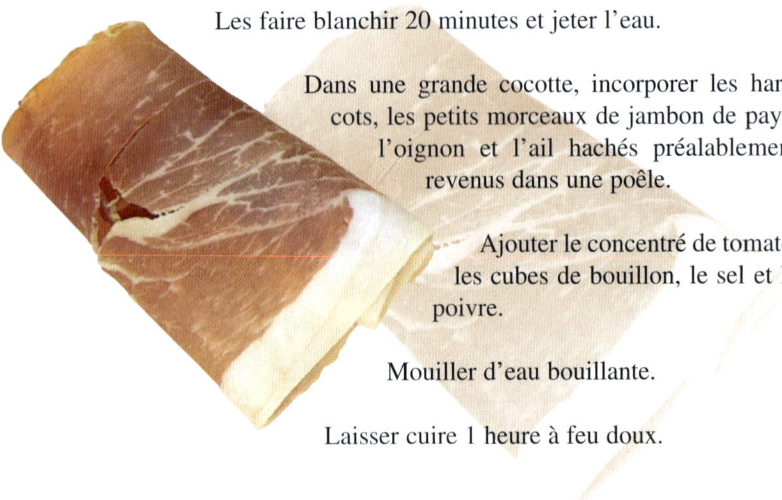

Dans une grande cocotte, incorporer les haricots, les petits morceaux de jambon de pays, l'oignon et l'ail hachés préalablement revenus dans une poêle.

Ajouter le concentré de tomate, les cubes de bouillon, le sel et le poivre.

Mouiller d'eau bouillante.

Laisser cuire 1 heure à feu doux.

Préchauffer le four à 200°C.

Faire roussir la saucisse de Toulouse, les côtes de porc coupées en 2 dans une poêle à petit feu.

Dans un plat en terre cuite, disposer les haricots, le confit de canard ou d'oie, la viande et la saucisse enroulée à la surface.

Saupoudrer de chapelure.

Mettre au four à 150°C pendant 30 minutes.

Servir très chaud.

Conseil

Si vous manquez de temps, vous pouvez réaliser un bon cassoulet en remplaçant les haricots blancs secs par des haricots blancs « nature » déjà cuits en conserve (2kg).

Faire griller la saucisse de Toulouse, les côtes de porc coupées en 2.

Dans le jus de cuisson, faire revenir des petits morceaux de jambon de pays, l'oignon, l'ail hachés et le concentré de tomate.

Incorporer les haricots blancs, les cubes de bouillon, le sel et le poivre et laisser cuire 5 minutes.

Dans un plat en terre cuite, disposer les haricots, le confit de canard ou d'oie, la viande et la saucisse enroulée à la surface.

Saupoudrer de chapelure, mettre au four et laisser gratiner 15 minutes.

Information

Le « Cassoulet » vient de « Cassole », récipient de terre cuite au four dans lequel on cuisine ce plat typique.

Vin conseillé :
Côtes de la Malepère Rouge (AOVDQS)

Fricassée de porc « fréginat »

Temps de préparation :

15 min

Temps de cuisson :

20 min

Pour 4 personnes :
- *1 kg de côtes de porc dans l'échine,*
- *1 tranche de jambon de pays épaisse,*
- *1 oignon ou échalote,*
- *1 grain d'ail,*
- *1 cube de bouillon,*
- *2 cuillères à soupe de concentré de tomate,*
- *5 cornichons coupés en rondelles,*
- *10 câpres,*
- *3 cuillères à soupe de vinaigre,*
- *1 cuillère à soupe de farine,*
- *sel, poivre.*

Désosser les côtes de porc, les couper en morceaux et les faire revenir dans une cocotte.

Dans le jus de cuisson, faire revenir les petits morceaux de jambon de pays, l'oignon et l'ail hachés, les cornichons, les câpres, le vinaigre et le concentré de tomate.

Incorporer la viande et couvrir le tout d'eau.

Incorporer la farine, les cubes de bouillon, les épices et laisser cuire 10 minutes à feu doux.

Information

Servir la viande avec des haricots blancs par exemple.

Traditionnellement ce plat se faisait avec de la gorge de cochon : morceau un peu gras et plus rare en boucherie aujourd'hui qu'auparavant.

Vin conseillé :
Faugères rouge (AOC).

Fricassée de porc

Travers de porc

Travers de porc en sauce aux pommes de terre

Temps de préparation :

15 min.

Temps de cuisson :

45 min

Pour 4 personnes :
- *1.5 kg de travers de porc coupé en morceaux,*
- *1 tranche de jambon de pays épaisse,*
- *2 cubes de bouillon,*
- *1 oignon ou échalote,*
- *2 gousses d'ail,*
- *8 pommes de terre de taille moyenne,*
- *2 cuillères à soupe de concentré de tomate,*
- *1 cuillère à soupe de farine*
- *1 verre de vin blanc,*
- *1/2 l d'eau,*
- *sel, poivre.*

Dans une cocotte, faire revenir des petits morceaux de jambon de pays, l'oignon et l'ail hachés, les pommes de terre entières épluchées et le concentré de tomate.

Arroser le tout de vin blanc et d'eau.

Incorporer la farine, les cubes de bouillon, le sel et le poivre et laisser cuire 5 minutes.

Dans une seconde poêle, faire roussir les morceaux de travers de porc préalablement salés et poivrés.

Incorporer la viande à la sauce et laisser cuire 30 minutes.

Information

Ce plat se mange avec les doigts car la viande est très « solidaire » des os.

Vin conseillé :
Côtes du Rhône villages Chusclan (AOC).

Blanquette d'agneau

Temps de préparation :

15 min

Temps de cuisson :

1 h 45 min

Pour 4 personnes :
- *1 kg de collier ou d'épaule d'agneau coupé en morceaux,*
- *1 tranche de jambon de pays épaisse,*
- *1 oignon ou échalote,*
- *1 grain d'ail,*
- *2 cubes de bouillon,*
- *1 feuille de laurier,*
- *1 cuillère à soupe de thym et de romarin,*
- *2 cuillères à soupe de farine,*
- *1 jaune d'œuf,*
- *1 jus de citron,*
- *sel, poivre.*

Dans une cocotte, faire revenir des petits morceaux de jambon de pays, l'oignon et l'ail hachés.

Faire revenir les morceaux d'agneau.
Saupoudrer de farine et couvrir le tout d'eau.

Incorporer les cubes de bouillon, le sel et le poivre et laisser cuire 1 h 30 minutes à feu doux.

Faire une liaison hors de feu en mélangeant dans un bol au fouet, le jaune d'œuf, une louche de sauce et quelques gouttes de citron.

Mélanger à la sauce et laisser cuire 10 minutes.

Conseil

Faire cuire ce plat la veille afin de pouvoir le dégraisser le lendemain : enlever la pellicule de graisse qui s'est formée à la surface.

Vin conseillé :
Minervois rouge (AOC).

Omelette aux asperges

Pour 4 personnes :
- *12 œufs,*
- *une botte d'asperges sauvages ou d'asperges vertes fines,*
- *sel, poivre.*

Temps de préparation :

15 min

Temps de cuisson :

20 min

Couper les pointes d'asperges en morceaux et les faire revenir à feu doux dans une poêle avec un peu de beurre pendant 15 minutes.

Quand les asperges sont cuites mais encore un peu fermes, incorporer les œufs battus en omelette, le sel et le poivre.

Laisser cuire l'omelette en fonction de votre goût : baveuse ou bien cuite !

Information

En dehors de la saison des asperges, vous pourrez faire cette recette avec des pommes de terre coupées en dés.

Goûtez l'omelette froide lors d'un pique nique. C'est délicieux !

Vin conseillé :
Vin de pays de l'Aude rouge.

POISSONS et FRUITS DE MER

Filets de maqueraux à la tomate et à l'estragon

Pour 2 personnes :
- *4 filets de maquereaux,*
- *2 tomates fraîches,*
- *2 grains d'ail,*
- *2 cuillères à soupe d'estragon,*
- *vinaigrette,*
- *sel et poivre.*

Temps de préparation :

20 min

Temps de cuisson :

5 min

Laver, enlever le pédoncule et peler les tomates.

Couper les en petits dés.

Laver et effeuiller l'estragon.

Préparer la vinaigrette.

Hacher finement l'ail.

Dans une cocotte huilée faire revenir l'ail et les dés de tomates en remuant pendant 1 minute.

Ajouter l'estragon et réserver cette préparation au chaud.

Dans une poêle huilée disposer les filets de maquereaux (le coté peau au fond de la poêle) et laisser cuire à feu doux pendant 4 minutes.

Dans chaque assiette, répartir les dés de tomates et disposer les filets de maquereaux.

Arroser d'un filet de vinaigrette et ajouter quelques feuilles d'estragon, du sel et du poivre.

Vin conseillé :
Fitou blanc (AOC) ou Chardonnay Côte de Prouilhe (AOC).

Sèche méditerranéenne

Pour 4 personnes :
- *1 kg de sèche coupée en morceaux,*
- *1 tranche de jambon de pays épaisse,*
- *2 cubes de bouillon,*
- *1 oignon ou échalote,*
- *1 grain d'ail,*
- *2 cuillères à soupe de persil,*
- *2 cuillères à soupe de concentré de tomate,*
- *2 cuillères à soupe de farine,*
- *2 verres de vin blanc,*
- *6 verres d'eau,*
- *sel, poivre.*

Temps de préparation :

20 min

Temps de cuisson :

30 min

Dans une cocotte, faire revenir les petits morceaux de jambon de pays, l'oignon, l'ail et le persil hachés, et le concentré de tomate.

Arroser le tout de vin blanc et d'eau.

Incorporer la farine, les cubes de bouillon, le sel et le poivre et laisser cuire 15 minutes.

Passer au tamis la sauce obtenue, si vous le souhaitez.

Faire roussir les morceaux de sèche préalablement salés et poivrés dans une sauteuse sans matière grasse.

Couvrir pour qu'elle rende l'eau et laisser cuire 5 minutes.

Incorporer la sèche à la sauce et laisser cuire 3 minutes.

Information

Vous pouvez remplacer la sèche par des encornets de calamars coupés en morceaux et leurs tentacules.

Attention : demandez au poissonnier de vous enlever la partie dure qui correspond à la bouche du calamar.

Vin conseillé :

Collioure Rosé (AOC).

Bullinada de lottes et de moules

Pour 4 personnes :
- *1 kg de lottes,*
- *20 moules de bouchot,*
- *1/2 litre de soupe de poisson,*
- *1 verre d'eau,*
- *8 tranches de pain,*
- *6 pommes de terre bintje,*
- *1 poivron vert ou rouge,*
- *1 tranche de jambon de pays épaisse,*
- *2 cubes de bouillon,*
- *1 oignon ou échalote,*
- *1 grain d'ail,*
- *2 cuillères à soupe de persil,*
- *2 cuillères à café de safran en poudre,*
- *1 pincée de piment de Cayenne,*
- *1 jaune d'œuf,*
- *1 cuillère à café de moutarde,*
- *15 cl d'huile d'olive,*
- *sel, poivre.*

Temps de préparation :
30 min

Temps de cuisson :
20 min

Préchauffer le four en position grill.

Peler et couper les pommes de terre en rondelles.

Dans une cocotte huilée, faire revenir les petits morceaux de jambon de pays, l'oignon, les 2 cuillères à café d'ail haché, et le poivron coupé en dés.

Incorporer le persil, le piment, le safran, les pommes de terre.

Mélanger et mouiller avec la soupe de poisson et l'eau.

Porter à frémissement et laisser mijoter pendant 8 minutes.

Saler et poivrer chaque face des lottes et les disposer dans la cocotte.

Laisser cuire 5 minutes.

Pendant ce temps, gratter et nettoyer les moules.

Les mettre dans une casserole et les porter à feu vif afin qu'elles s'ouvrent (4 minutes maximum).

Lorsqu'elles sont ouvertes, disposer les moules dans la cocotte.

Couper les tranches de pain et les enfourner pour les faire roussir.

Préparer l'aïoli : dans un bol, mélanger au batteur le jaune d'œuf, la moutarde, 2 cuillères à café d'ail, le sel et le poivre.

Incorporer progressivement l'huile d'olive pour obtenir une mayonnaise consistante.

Servir dans des assiettes à soupe avec les toasts tartinés d'aïoli.

Vin conseillé :
Côteaux du Languedoc blanc de la Clape (AOC).

Encornets farcis

Pour 6 personnes :
- *1.5 kg d'encornets préparés par le poissonnier,*
- *500 g de filets de cabillaud,*
- *3 grains d'ail,*
- *2 oignons,*
- *2 cuillères à soupe de persil,*
- *6 blancs d'œufs,*
- *25 cl de crème fraîche,*
- *2 biscottes,*
- *3 cuillères à soupe de concentré de tomate,*
- *20 cl de vin blanc,*
- *2 cubes de bouillon,*
- *sel et poivre.*

Temps de préparation :

30 min

Temps de cuisson :

35 min

Laver les encornets à l'intérieur et à l'extérieur sous l'eau froide de façon à enlever la fine peau grise qui les recouvre.

Si vous n'avez pas demandé au poissonnier de le faire, enlever le bec des encornets, partie très dure.

Laver les tentacules et réserver le tout dans une assiette.

Dans le bol d'un mixer incorporer 2 grains d'ail, 1 oignon, le persil, les tentacules, les filets de poissons, les blancs d'œufs, la crème fraîche, le sel le poivre et les biscottes.

Mixer jusqu'à l'obtention d'une farce homogène.

Remplir chaque encornet de farce et les fermer à l'aide d'une petite pique en bois.

Dans une cocotte huilée saisir les encornets des deux côtés.

Hacher le grain d'ail et l'oignon restants. Les incorporer dans la cocotte puis ajouter le concentré de tomate, le vin blanc, les cubes de bouillon, le sel et le poivre.

Couvrir d'eau et laisser mijoter à couvert et à feu doux pendant 30 minutes.

Conseil

Servir avec du riz ou des pâtes.

S'il vous reste de la farce vous pouvez la mélanger à la sauce en fin de cuisson.

Vin conseillé :
Clairette de Bellegarde (AOC)

Gambas flambées

Temps de préparation :

20 min

Temps de cuisson :

25 min

Pour 4 personnes :
- *1.6 kg de gambas,*
- *2 cubes de bouillon,*
- *4 échalotes,*
- *2 cuillères à soupe de concentré de tomate,*
- *1/2 verre d'alcool à flamber,*
- *2 verres de vin blanc,*
- *6 verres d'eau,*
- *sel, poivre,*
- *2 pincées de poivre de Cayenne.*

Dans une cocotte huilée, faire revenir les gambas pendant 5 minutes.

Verser l'alcool à flamber, laisser le chauffer 1 minute et flamber.

Saler et poivrer et réserver les gambas dans un plat.

Dans le jus de cuisson, faire revenir les échalotes hachées.

Ajouter le concentré de tomate, le poivre de Cayenne, le sel, le vin blanc, l'eau et les cubes de bouillon et laisser cuire 15 minutes.

Passer au tamis la sauce obtenue si vous le souhaitez.

Incorporer les gambas et laisser cuire 5 minutes (pas plus sinon la chair devient élastique).

Information

Ce plat peut se faire aussi avec des écrevisses ou des queues de langoustes coupées en 3.

Vin conseillé :
Côteaux du Languedoc Picpoul de Pinet (AOC).

Morue en salade

Pour 6 personnes :
- *1 morue salée,*
- *10 pommes de terre,*
- *vinaigrette,*
- *2 cuillères à soupe de persil,*
- *2 grains d'ail,*
- *poivre.*

Temps de préparation :
20 min
(+ 12 heures de dessalage).

Temps de cuisson :
10 min

Faire dessaler la morue la veille.

Changer 3 fois l'eau du bain.

Plonger une dernière fois la morue dans l'eau froide dans une casserole et portez à ébullition.

Dès que de l'écume se forme à la surface de l'eau, arrêtez la cuisson.

Disposez la morue cuite dans un plat. Arroser de vinaigrette, et saupoudrer d'ail et de persil.

Servir avec des pommes de terre bouillies.

Information

Ne pas rajouter de sel à cette recette car la morue en contient suffisamment.

Ce plat était traditionnellement mangé le vendredi saint, jour sans viande dans la religion catholique.

Vous pouvez utiliser du cabillaud pour faire cette recette. Dans ce cas vous ferez l'économie de la phase de dessalage !

Vin conseillé :
Clairette du Languedoc ou Chardonnay Côte de Prouilhe (AOC).

Gratin de morue

Pour 6 personnes :
- *1kg de cabillaud,*
- *500 g de poireaux,*
- *500 g d'oignons,*
- *3 œufs durs,*
- *2 cubes de bouillon,*
- *5 cuillères à soupe de crème fraîche épaisse,*
- *100 g de fromage râpé,*
- *2 cuillères à soupe de chapelure,*
- *sel, poivre.*

Temps de préparation :

20 min

Temps de cuisson :

35 min

Laver et émincer les poireaux et les oignons.

Faire revenir le tout dans une cocotte huilée pendant 10 minutes à feu doux.

Ajouter les cubes de bouillon, le sel et le poivre et la crème fraîche en fin de cuisson.

Pendant ce temps faire durcir les œufs dans de l'eau bouillante pendant 10 minutes.

Faire cuire le cabillaud : le plonger dans l'eau froide dans une casserole et portez à ébullition.

Dès que de l'écume se forme à la surface de l'eau, arrêtez la cuisson et égoutter le poisson.

Verser dans un plat à gratin la moitié des légumes préparés.

Effeuiller le poisson par dessus et recouvrir avec le reste des légumes.

Ecailler les œufs durs et les couper en deux dans le sens de la longueur.

Les disposer à la surface du plat, le jaune vers le haut.

Saupoudrer de fromage râpé et de chapelure.

Enfourner à 200°C pendant 15 minutes.

Information

Les anciens utilisaient la morue salée pour réaliser cette recette. Si vous souhaitez agir de la sorte, prévoir une nuit de dessalage.

Vous pouvez rajouter des filets d'anchois égouttés, disposés à la surface du plat entre les oeufs.

Vin conseillé :
Chardonnay Côte de Prouilhe (AOC)

LÉGUMES

Oignons frits « sofregit »

Pour 4 personnes :
- *1 kg d'oignons,*
- *2 tranches de jambon de pays épaisse,*
- *2 cuillères à soupe de vinaigre,*
- *sel, poivre.*

Temps de préparation :

15 min

Temps de cuisson :

25 min

Couper les oignons en rondelles fines.

Dans une cocotte huilée faire revenir des petits morceaux de jambon de pays et l'oignon pendant 20 minutes à feu doux.

Quand les oignons sont roux, incorporer le vinaigre, le sel et le poivre et laisser cuire 5 minutes.

Conseil

Mouiller fréquemment les oignons avec un peu d'eau afin qu'ils soient caramélisés.

Riz au gras

Temps de préparation :

15 min.

Temps de cuisson :

25 min

Pour 4 personnes :
- 200 g de riz,
- 3/4 litre d'eau,
- 1 tranche de jambon de pays épaisse,
- 1 oignon ou échalote,
- 1 grain d'ail,
- 1 cube de bouillon,
- 2 cuillères à soupe de concentré de tomate,
- sel, poivre.

Dans une cocotte, faire revenir des petits morceaux de jambon de pays, l'oignon et l'ail hachés et le concentré de tomate.

Incorporer le riz et attendre que celui-ci devienne translucide.

Couvrir le tout d'eau.

Incorporer le cube de bouillon, le sel et le poivre et laisser cuire 25 minutes à feu doux.

Information

Si vous voulez modifier les quantités sachez qu'il faut 1 dose de riz pour 3 doses équivalentes d'eau.

Pommes de terre farcies

Pour 4 personnes :
- 8 pommes de terre de taille moyenne,
- 200 g de chair à saucisse.

Temps de préparation :

15 min

Temps de cuisson :

1 heure

Préchauffer le four à 200°C.

Eplucher les pommes de terre, les couper dans le sens de la longueur, les creuser dans leur centre avec une petite cuillère.

Farcir les pommes de terre de chair à saucisse, les reconstituer et les lier avec de la ficelle à rôti si nécessaire.

Enfourner dans un plat creux dans lequel vous aurez disposé un filet d'huile et un autre d'eau.

Laisser cuire 1 heure à 200°C.

Sauce d'artichauts

Temps de préparation :

20 min

Temps de cuisson :

25 min

Pour 4 personnes :
- *2 bouquets de petits artichauts frais,*
- *1 cube de bouillon,*
- *1 oignon ou échalote,*
- *2 grains d'ail,*
- *2 cuillères à soupe de persil,*
- *1 cuillère à soupe de farine,*
- *1 verre de vin blanc,*
- *sel, poivre.*

Couper la queue et les grosses feuilles des artichauts.

Couper les artichauts effeuillés en deux morceaux dans le sens de la longueur.

Dans une cocotte, faire revenir l'oignon, l'ail, et le persil hachés.

Arroser le tout d'eau et de vin blanc.

Incorporer la farine, le cube de bouillon, le sel, le poivre et les artichauts.

Laisser cuire 20 minutes.

Information

Les « anciens » mangeaient ceci tantôt comme un légume, tantôt comme un plat complet auquel ils rajoutaient des œufs durs coupés en deux.

Haricots blancs à la tomate

Pour 4 personnes :
- 1 kg de haricots blancs en conserve,
- 1 tranche de jambon de pays épaisse,
- 2 cubes de bouillon,
- 1 oignon,
- 2 grains d'ail,
- 4 cuillères à soupe de concentré de tomate,
- sel, poivre.

Temps de préparation :

15 min

Temps de cuisson :

20 min

Dans une cocotte faire revenir des petits morceaux de jambon de pays, l'oignon et l'ail hachés et le concentré de tomate.

Incorporer les haricots blancs, les cubes de bouillon, le sel et le poivre et laisser cuire 15 minutes.

Information

Vous pouvez manger les haricots blancs ainsi préparés arrosés d'un filet d'huile et de vinaigre.

Asperges vertes du Roussillon en ragoût

Pour 4 personnes :
- *2 bottes d'asperges vertes,*
- *2 tranches de jambon de pays épaisses,*
- *1 oignons,*
- *3 cuillères à soupe d'huile d'olives,*
- *20 cl de vin blanc,*
- *1 cuillère à soupe de thym et de romarin,*
- *1 cube de bouillon,*
- *sel et poivre.*

Temps de préparation :

20 min

Temps de cuisson :

23 min

Laver les asperges et couper le bas fibreux.

Découper les asperges en tronçons de 3 cm environ.

Dans une cocotte huilée faire revenir les asperges pendant 15 minutes à feu doux.

Incorporer les petits morceaux de jambon de pays, l'oignon haché et laisser cuire 3 minutes.

Ajouter le vin blanc, les épices, le cube de bouillon, le sel et le poivre et laisser mijoter 5 minutes.

Conseil

Servir chaud ou froid avec du persil ciselé.

Millas

Pour 6 personnes :
- *5 l d'eau,*
- *1 kg de farine de maïs,*
- *1 cuillère à soupe de sel.*

Temps de préparation :

1 h 10 min

Temps de cuisson :

1 heure

Dans une grande cocotte faire chauffer l'eau salée.

Délayer progressivement la farine dans l'eau avec un fouet.

Porter à ébullition.

Cuire pendant au moins 1 heure en remuant sans cesse avec une cuillère en bois.

Verser la bouillie obtenue sur une table recouverte d'un linge épais fariné de manière à obtenir une couche de 15 mm environ d'épaisseur.

Attendre le refroidissement de la pâte.

Couper la pâte en petits carrés de 8 cm sur 8 cm environ.

Information

Ce plat remplaçait le pain pendant la guerre. On le mangeait tiède comme accompagnement d'œufs au plat ou de sauces de viandes.

Le lendemain on le dégustait grillé au four avec de la confiture, ou encore grillé des deux côtés dans une poêle huilée et saupoudré de sucre.

Pain perdu

- 1 verre de lait,
- 1/2 verre d'eau de fleur d'oranger,
- 7 cuillères à soupe de sucre fin,
- 2 œufs,
- pain rassis en tranches.

Temps de préparation :

5 min

Temps de cuisson :

2 min

Dans une assiette creuse, battre les œufs en omelette.
Ajouter le lait, 2 cuillères à soupe de sucre, l'eau de fleur d'oranger et mélanger au fouet.

Tremper les morceaux de pain dans l'assiette afin que la préparation pénètre bien.

Faire chauffer une poêle préalablement huilée et disposer les tranches de pain imbibées.

Les faire frire 1 minute de chaque coté.
Les disposer ensuite dans un plat et les saupoudrer abondamment de sucre en poudre.

Conseil

Vous pouvez également préparer ce dessert avec de la brioche rassise.
Ce dessert est encore meilleur si vous le servez tiède accompagné de glace à la vanille.

Vin conseillé :
Muscat de la Clape (AOC).

Tarte sèche

Temps de préparation :

15 min

Temps de cuisson :

20 min

Pour 6 personnes :
- *4 œufs,*
- *450 g de farine,*
- *80 g de beurre fondu,*
- *1 verre de sucre fin,*
- *3 cuillères à soupe d'eau de fleurs d'oranger.*

Préchauffer le four à 200°C.

Mélanger les œufs en omelette, la farine, le beurre et l'eau de fleurs d'oranger jusqu'à obtention d'une pâte homogène.

Placer la pâte sur une tôle huilée ou sur du papier de cuisson.

Etaler la pâte à l'aide d'un rouleau, le plus finement possible.

Réaliser une tarte de forme ovale.

Verser 1 cuillère à soupe d'eau sur la pâte et l'étaler avec la pomme de la main (préalablement lavée !) sur toute la surface de la tarte.

La saupoudrer abondamment de sucre fin.

Enfourner à 200°C pendant 20 minutes environ, jusqu'à ce que le sucre soit fondu.

Conseil

Servir la tarte sèche coupée en morceaux à la main, avec une crème ou une salade de fruits.

Vin conseillé :
Crémant de Limoux (AOC).

Oreillettes

Temps de préparation :

30 min

(+ 2 h de repos)

Temps de cuisson :

5 min

Pour 6 personnes :
- *6 œufs,*
- *33 cl d'eau,*
- *125 g de beurre,*
- *150 g de sucre,*
- *1 kg de farine de blé*
- *parfum : rhum ou citron ou fleur d'oranger...,*
- *Zestes d'orange ou de citron non traités,*
- *sucre glace.*

Dans une casserole à feu doux, faire fondre le beurre dans l'eau, avec le sucre et les zestes d'agrume. Réserver le temps que cette préparation refroidisse.

Dans une jatte, mélanger les œufs et verser la farine en pluie.

Lorsque l'appareil s'épaissit, allonger le avec la préparation beurrée. Ajouter le parfum.

Pétrir la pâte. Plus elle est travaillée, meilleure elle est.

Former une boule de pâte (il ne faut pas qu'elle colle aux mains).

Faire reposer la pâte enveloppée dans un linge, puis dans un sac plastique au chaud.

Étirer les carrés de pâte le plus finement possible. Couper des morceaux de 10 cm sur 15.

Les faire cuire dans un bain d'huile bouillante 2 minutes de chaque côté. Retourner à mi cuisson avec une fourchette.

Déposer les oreillettes sur du papier absorbant pour éliminer l'excès d'huile.

Saupoudrer de sucre.

Information

Les « anciens » étalaient les carrés de pâte sur le genou couvert d'un torchon lors des veillées hivernales au coin du feu.

Vin conseillé :
Muscat de Frontignan (AOC).

Gâteau à l'anis

(deux versions)

Temps de préparation :

5 min

Temps de cuisson :

30 min

1 /
- *250 g de sucre,*
- *300 g de farine,*
- *4 œufs entiers,*
- *1 paquet de levure,*
- *2 cuillères à café de beurre,*
- *2 cuillères à soupe de lait,*
- *2 cuillères à soupe de graines d'anis vert.*

2 /
- *1 pot de yaourt,*
- *2 pots de sucre,*
- *3 pots de farine,*
- *1/2 pot d'huile,*
- *4 jaunes d'œufs,*
- *4 blancs d'œufs montés en neige,*
- *1 paquet de levure,*
- *2 cuillères à soupe de graines d'anis vert.*

Préchauffer le four à 200°C.

Mélanger tous les ingrédients de la version choisie (1 ou 2) jusqu'à obtention d'une pâte homogène.

Mettre le mélange dans un plat à gâteau beurré.

Enfourner à 200°C pendant 30 minutes.

Information

Il est possible d'acheter les graines d'anis vert en pharmacie.

La première recette est plus rapide à réaliser. La seconde est plus moelleuse.

Démoulez à froid.

Vin conseillé :
Blanquette de Limoux (AOC).

Gâteau à l'orange

- 200 g de sucre,
- 200 g de farine,
- 3 œufs,
- 1 paquet de levure,
- 115 g de beurre,
- 2 oranges.

Temps de préparation :

10 min

Temps de cuisson :

30 min

Préchauffer le four à 200°C.

Enlever l'écorce des oranges et réduire en purée la chair.

Mélanger tous les ingrédients jusqu'à obtention d'une pâte homogène.

Mettre le mélange dans un plat à gâteau beurré.

Enfourner à 200°C pendant 30 minutes.

Information

Si vous avez l'assurance que les fruits ne sont pas traités vous pouvez utiliser les zestes des agrumes.

Vous pouvez réaliser ce gâteau dont la pâte se caramélise à la cuisson avec d'autres agrumes (4 citrons).

Démoulez à froid.

Vin conseillé :
Muscat de Lunel ou Maury (AOC).

Crème au chocolat « farinette »

Pour 6 personnes :
- *1 l de lait,*
- *2 cuillères à soupe de farine,*
- *2 cuillères à soupe de maïzena,*
- *4 cuillères à soupe de sucre,*
- *1 tablette de 200 g de chocolat noir ou au lait.*

Temps de préparation :

5 min

Temps de cuisson :

4 min

Mettre le lait dans une casserole et le mettre à chauffer.

Incorporer le sucre, les carrés de chocolat. Laisser fondre à feu doux pendant 3 minutes.

Incorporer la farine et la maïzena en fouettant jusqu'à obtention d'un liquide homogène.

Porter à ébullition pour permettre l'épaississement de la crème (environ 1 minute).

Information

La « farinette » était la crème du « pauvre » qui pendant les périodes difficiles était conçue sans œuf ni matière grasse.

Vous pouvez varier les parfums : vanille, agrumes…

Vin conseillé :
Maury ou Banyuls ou Vin doux naturel de Rivesaltes (AOC).

Riz au lait

Temps de préparation :

5 min

Temps de cuisson :

30 min

Pour 6 personnes :
- *1 l de lait,*
- *2 verres à moutarde de riz rond,*
- *13 morceaux de sucre,*
- *1 verre à moutarde de raisins secs,*
- *1 paquet de sucre vanillé ou autre parfum.*

Faire bouillir le lait avec le sucre, les raisins secs et le parfum.

Laver le riz dans une passoire et l'incorporer au lait dans la casserole.

Faire cuire 30 minutes très légèrement à couvert dans le lait bouillant.

Remuer jusqu'à ce que le riz ait absorbé tout le lait.

Verser dans un plat et mettre au frais.

Conseil

Vous pouvez incorporer d'autres fruits secs ou un zeste de citron et napper le fond du plat de caramel.

Vin conseillé :
Crémant de Limoux (AOC).

Crème catalane

Pour 6 personnes :
- 1 l de lait,
- 1 orange non traitée
- 1 citron non traité,
- 1 bâton de cannelle,
- 4 œufs entiers,
- 5 jaunes d'œufs,
- 25 g de farine.

Temps de préparation :

15 min

Temps de cuisson :

25 min

Laver les fruits et prélever les zestes d'orange et de citron.

Faire bouillir le lait et incorporer les zestes et le bâton de cannelle.

Laisser infuser pendant 15 minutes à feu doux.

Pendant ce temps, casser les œufs entiers dans une terrine, ajouter les jaunes.

Fouetter pour obtenir un mélange mousseux.

Incorporer la farine et fouetter à nouveau.

Retirer les zestes et la cannelle du lait.

Verser le lait dans la terrine en remuant soigneusement jusqu'à ce que le mélange soit homogène.

Verser le contenu de la terrine dans la casserole et porter à la limite de l'ébullition en fouettant sans arrêt.

Laisser cuire la crème doucement pendant 5 minutes jusqu'à ce qu'elle soit lisse et épaisse.

Verser une couche de 3 centimètres environ de crème dans un plat à gratin en terre allant au four ou des petits ramequins individuels.

Laisser refroidir puis mettre le plat dans le réfrigérateur pendant 3 heures.

10 minutes avant de servir, préchauffer le four sur position « gril » et verser le sucre à la surface de la crème en couche régulière.

Placer le plat sous le grill pendant quelques minutes jusqu'à ce que le sucre se caramélise et forme une croûte bien ferme.

Faire attention à ce que la crème ne brûle pas et servir aussitôt.

Conseil

Ne pas faire bouillir la crème car elle risque de tourner et d'avoir un aspect granuleux.

Vin conseillé :
Muscat de Rivesaltes (AOC).

Table des matières

Table des recettes

Apéritifs

Entrées

Viandes & volailles

Poissons

Légumes

Desserts

Ouvrage imprimé et façonné par Pollina Luçon 85
n° d'impression : L77343
Imprimé en France

IMPRIM'VERT